CHRISTIAN GAUDIN

LES 40 COMMANDEMENTS du CHAT

WYGO

ISBN : 978-2-35704-0212

Directeur de collection : Arnaud Briand
Imprimé : en mars 2009 en Europe

WYGO
Adresse : 21 rue de Fécamp, 75012 Paris
Mail : contact@wygo.fr
Retrouvez nos publications sur : www.wygo.fr

1er Commandement :

C'est le chat qui te choisira.

SURTOUT SI VOUS REVENEZ D'UNE PARTIE DE PÊCHE OU DU MARCHÉ ...

2e Commandement :

Le choix du vieux matou ou du petit chaton tu feras.

PAPA, ON PREND LE GROS AVEC LE PETIT TROU OU LE PETIT AVEC LES GROS YEUX ?
JE CROIS QU'ON VA OPTER POUR LE PLUS JOLI, LE MODÈLE RÉDUIT.

3e Commandement :

Choisis un chaton si tu veux du mignon.

TOUT MIGNON, TOUT TROGNON
...
... MAIS AUSSI UN VRAI DÉMON TOUJOURS À FAIRE LE CON !

4e Commandement :

Choisis un matou si tu veux du mou.

CAR MÊME MOU, LE MATOU RESTE UN MÂLE AU LIT QUI PREND TOUTE LA PLACE ET TIENT CHAUD AUX MICHES.

5e Commandement :

Un joli panier tu lui donneras.

REGARDEZ-MOI CE QU'ON VOUS RAMÈNE DU MARCHÉ : UN PANIER GARNI !
MERCI, MAIS JE NE GARDE QUE LE CHAT ET SON PANIER.

6e Commandement :

Dans son assiette et son bol personnel tu le serviras.

REGARDE COMME IL AIME LE SERVICE DE LIMOGES DE MAMAN !
BIEN SÛR... ET POURQUOI TU NE LUI SORS PAS L'ARGENTERIE ET UN CHANDELIER AUSSI ?

7e Commandement :

Des petits plats variés, chaque jour tu lui mijoteras.

APRÈS LES CROQUETTES EN CONSOMMÉ, LES CROQUETTES SAUTÉES, LES CROQUETTES À L'ÉTOUFFÉE, LES CROQUETTES EN PURÉE, SI J'ESSAYAIS LES CROQUETTES DE CROQUETTES ?

8e Commandement :

S'il est sociable, tu vérifieras.

ALLO, LA SPA ? DITES, C'EST À PROPOS DU PETIT CHATON QUE J'AI PRIS CHEZ VOUS. IL EST BIEN SEVRÉ ?

9e Commandement :

Son éducation, tu feras.

LEÇON N°1 : COMMENT ATTRAPER LES SOURIS.
bon
mauvais
J'élève mon chat

10e Commandement :

A utiliser proprement sa litière tu lui apprendras.

MOUMONE, C'EST LA DERNIÈRE FOIS QUE JE FAIS CACA DANS TON BAC ALORS SOIS ATTENTIF S'IL TE PLAÎT...

11e Commandement :

Sa litière souvent tu changeras.

OK, OK... JE TERMINE MA BD,
JE FUME QUELQUES PÉTARDS,
JE FAIS MA SIESTE ET APRÈS
JE TE CHANGE TA LITIÈRE.

12e Commandement :

A ne pas voler tu lui apprendras.

CHÉRIE ? J'AI L'IMPRESSION QU'IL N'A PAS ENCORE BIEN INTÉGRÉ TON DISCOURS MANICHÉEN...

13e Commandement :

En cas de conflit, un pistolet à eau tu utiliseras.

TU ES FAIT, RASCAL !
VOILÀ POUR T'APPRENDRE À METTRE DE L'EAU PARTOUT !!!

14e Commandement :

Un bon vétérinaire, tu trouveras.

CROYEZ-MOI, LE SEUL ANIMAL QUE JE NE PUISSE SOIGNER, C'EST LE COCHON QUI EST EN L'HOMME.

15e Commandement :

Ses vacinations, toujours tu paieras.

OUH LÀ, C'EST SUPER CHER... NON ?
WAOU... JE PENSE QUE L'AN PROCHAIN ON LAISSERA AGIR SON SYSTÈME IMMUNITAIRE...

16ᵉ Commandement :

Ses pilules, par la ruse tu lui administreras.

JE ME DEMANDE SI C'EST À ADMINISTRER PAR VOIE BUCALE OU ANALE... QU'EN PENSES-TU, CHOU ?

17e Commandement :

Sur son oreille, son numéro d'identification tu marqueras.

UN TATOUAGE, C'EST BIEN, MAIS UN PERCING, C'EST MIEUX !
Minette

18e Commandement :

Comme sa mère, régulièrement tu le brosseras.

IL DORT, IL BOUFFE, IL SE LA COULE DOUCE... MAIS QUI EST L'ESCLAVE DE QUI ICI ?

19e Commandement :

Ses dents régulièrement tu laveras.

MAIS ATTRAPE LE, VOYONS ! LE VÉTO NOUS A BIEN DIT DE LUI LAVER LES DENTS CHAQUE SOIR !
VU CE QU'IL NOUS MONTRE, C'EST LOIN D'ÊTRE GAGNÉ...

20e Commandement :

De lécher les crapauds, formellement tu lui interdiras.

BELZÉBUTH !
LAISSE KIKI TRANQUILLE ! J'AI BESOIN DE SES PUSTULES PSYCHÉDÉLIQUES POUR MA RAVE PARTIE !

21e Commandement :

Une fois par mois, ses oreilles tu essuieras.

UNE FOIS PAR MOIS, JE M'OCCUPE DE MON MINOU...
UNE TOILETTE MENSTRUELLE EN SOMME ?

22e Commandement :

Des vermifgues en cas de besoin, tu lui donneras.

CHÉRI ? EST-CE QUE TU AS PENSÉ À LUI DONNER SON VERMIFUGE ?
OUI MON AMOUR, IMPOSSIBLE DE L'OUBLIER, CHÉRIE...

23e Commandement :

Un collier anti-puces fashion tu lui mettras.

HÉ, KITTY... VIENS VOIR LE BIJOU QUE JE T'AI ACHETÉ AUX... EUH...
... PUCES !
?

24e Commandement :

L'expectoration de ses boules de poils, tu surveilleras.

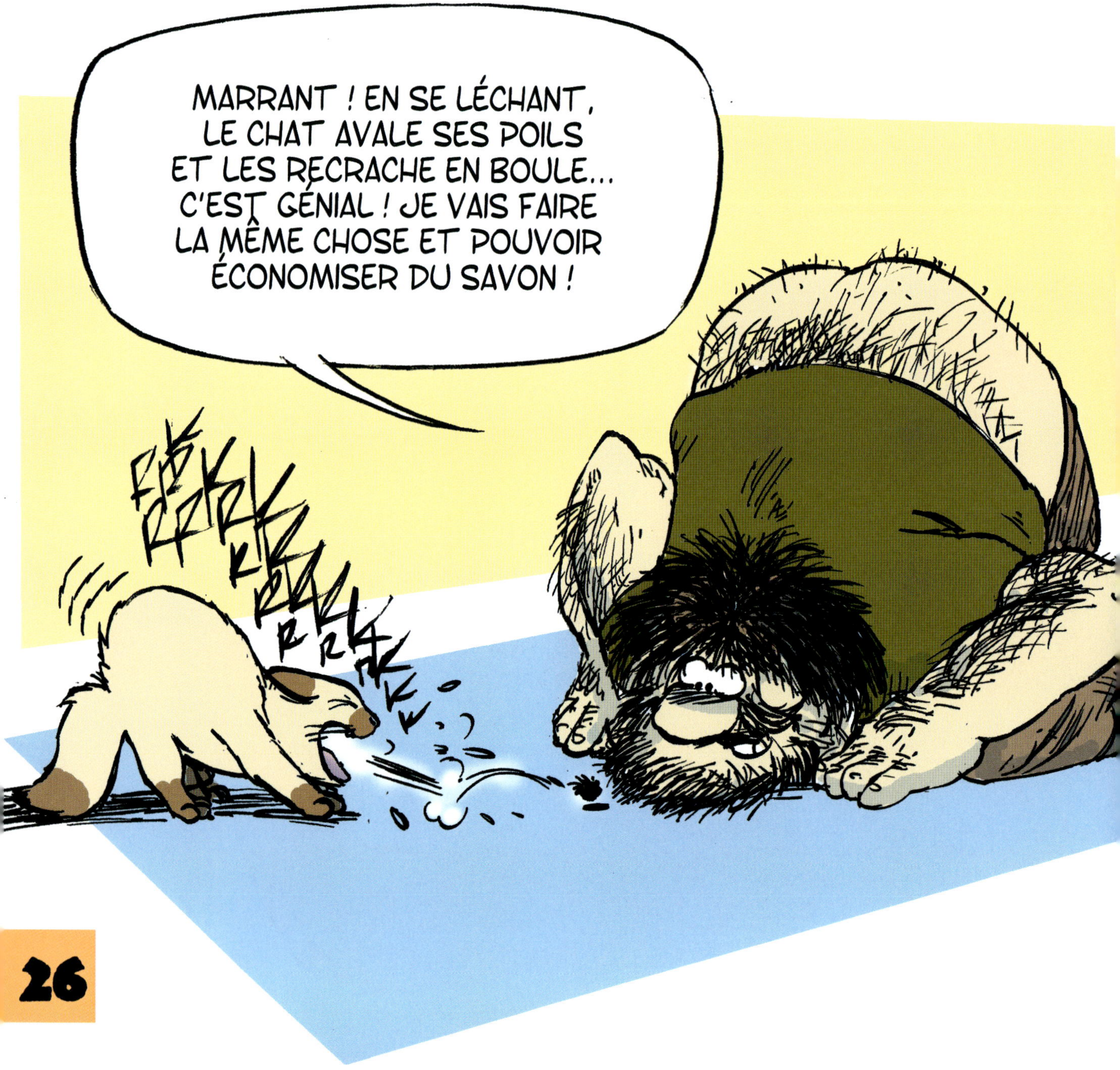
MARRANT ! EN SE LÉCHANT, LE CHAT AVALE SES POILS ET LES RECRACHE EN BOULE... C'EST GÉNIAL ! JE VAIS FAIRE LA MÊME CHOSE ET POUVOIR ÉCONOMISER DU SAVON !

25e Commandement :

Les feux de la cuisine, tu couvriras.

MAIS… MAIS…
QUOI ? NE ME DIS PAS QUE LE CHAT A ENCORE LAISSÉ BRÛLER LE REPAS ?

26e Commandement :

Des plantes vertes toxiques tu le protègeras.

HÉ ! LAISSE MON ATTRAPE-MOUCHE TRANQUILLE !
MON ANIMAL CARNIVORE CONTRE TA PLANTE CARNIVORE, QUELLE SALADE !

27e Commandement :

De l'herbe à chat, sans abus, tu lui fourniras.

TU NE CROIS PAS QU'IL VA VOMIR AVEC TOUTE CETTE HERBE ?
NAOOONNN..., ET PUIS ON ARRÊTE PAS DE NOUS DIRE QUE LES LÉGUMES VERTS, C'EST BON POUR LA SANTÉ...

28e Commandement :

Un griffoir en intérieur tu prévoiras.

IL NE TE PLAÎT PAS, MON GRIFFOIR ? C'EST PAS UNE MARQUE, C'EST ÇA ? IL N'EST PAS... GRIFFÉ ?

29e Commandement :

Pour son exercice, un arbre à chats tu construiras.

PFFFFFFPFFFFFF...
JE CROIS QUE, QUESTION EXERCICE, C'EST PLUTÔT MOI QUI EN PROFITE POUR L'INSTANT.
Ninetta

30e Commandement :

Sa pudeur, tu respecteras.

OUPS... PARDON, DÉSOLÉ, JE NE SAVAIS PAS QUE TU TE LÉCHAIS AVEC PUDEUR...

31e Commandement :

Le quart d'heure dingue, tu supporteras.

Y A PLUS DE PAPIER ?
BEN... EUH... OUI, LÀ, JE CROIS QU'IL ESSAIE DE NOUS DIRE QUELQUE CHOSE...

32e Commandement :

Lors des chaleurs, des précautions tu prendras.

NE COMPTE PAS SUR MOI POUR OUVRIR LA PORTE À LA DÉBAUCHE, AUX FEUX DE LA PASSION ET AUX GANG BANGS.
ET SURTOUT À UNE ORGIE DE DÉCIBELS !

33e Commandement :

Pour éviter les problèmes,
ses gonades tu supprimeras.

DIS DONS ! MAIS C'EST ÇA QUE TU AURAIS DU FAIRE À TON EX...
AU LIEU DE DIVORCER ??? RICHE IDÉE...
RRR
RRR
RRR
RRR

34e Commandement :

L'obésité post-opératoire tu gèreras.

C'EST LE VÉTO QUI ME L'A DONNÉ...
SELON LUI, IL FAUT L'INCITER À BOUGER...

35e Commandement :

Si besoin, une chatière tu bricoleras.

ÇA LES AMUSE...
... ET ÇA M'AMUSE.

36e Commandement :

Ses dégâts, toujours avec le sourire tu nettoieras.

OOOOH, REGARDEZ COMME C'EST BEAU !
C'EST LE GENTIL CHATON QUI A FAIT UN GROS CACA À SA MÉMÈRE...

37e Commandement :

Plus de deux fois par an, le bain, tu lui éviteras.

CHÉRI... VIENS VOIR... ON DIRAIT QU'IL NOUS FAIT UN REMAKE DU GRAND BLEU !

38e Commandement :

De ton chat, photos et films tu feras.

ÇA Y EST MAMOUR, CETTE FOIS, C'EST LA BONNE... JE TIENS ENFIN LE BON CLICHÉ QUAND IL DORT...
Y SERAIT TEMPS... Y A QUE ÇA DANS TON ALBUM !
album de photo de minette

39e Commandement :

Son souvenir, à jamais tu chériras.

CE N'EST QU'UN PREMIER JET, UN BROUILLON...
PAS MAL... JE NE SAIS PAS POURQUOI, MAIS JE LE VOYAIS PLUS GRAND...

40e Commandement :

Un autre adorable petit chat, très vite tu adopteras.

OH... REGARDEZ CELUI-CI LES FILLES...
IL EST TROP MIGNON... IMPOSSIBLE DE NE PAS CRAQUER !
L'ESSAYER, C'EST L'ADOPTER ! N'EST-CE PAS, GEORGES ?
ET ALLEZ, UN DE PLUS... ÇA NE SERA JAMAIS QUE LE SEPTIÈME...

... et c'est pas fini!

BABOUSE
LES 40 COMMANDEMENTS
DE L'HOMME
UNE BIÈRE, UN FAUTEUIL, UNE TÉLÉ, ...
TROIS RAISONS D'ÊTRE HEUREUX!
BABOUSE
LES 40 COMMANDEMENTS
de la Femme
EFFECTIVEMENT, JE RECTIFIE... VOUS N'AVEZ PAS PRIS UN GRAMME!
WYGO

... car le pire reste à venir ...

Dans la même collection...

BADOUSE
LES 40 COMMANDEMENTS
DE L'HOMME
UNE BIÈRE, UN FAUTEUIL, UNE TÉLÉ...
TROIS RAISONS D'ÊTRE HEUREUX!

GAEL
LES 40 COMMANDEMENTS
du Mariage
... MONSIEUR, VOULEZ VOUS PRENDRE MADAME, ICI PRÉSENTE, COMME ÉPOUSE?...
OUI.
NON.
JE NE SAIS PAS.
J'HÉSITE ENCORE.
WYGO

GAEL
LES 40 COMMANDEMENTS
DE LA GROSSESSE
WYGO

GAEL
LES 40 COMMANDEMENTS
des Jeunes Parents
WYGO

GAEL
LES 40 COMMANDEMENTS
DU DIVORCE
WYGO

GAEL
LES 40 COMMANDEMENTS
DES ADOS
WYGO

GAEL
LES 40 COMMANDEMENTS
DU CELIBATAIRE
WYGO

BADOUSE
LES 40 COMMANDEMENTS
du CH'TI
WYGO

BADOUSE
LES 40 COMMANDEMENTS
de la Femme
WYGO

GAEL
LES 40 COMMANDEMENTS
DU POLITIQUE
WYGO

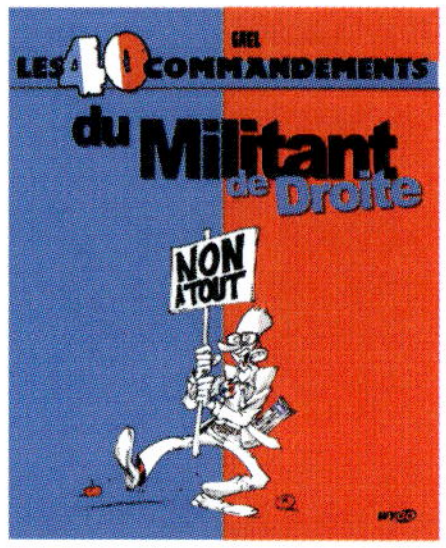
GAEL
LES 40 COMMANDEMENTS
du Militant de Droite
NON À TOUT
WYGO

GAEL
LES 40 COMMANDEMENTS
du Militant de gauche
OUI À RIEN
WYGO

GAEL
LES 40 COMMANDEMENTS
du Kama Sutra
WYGO

GAEL
LES 40 COMMANDEMENTS
DU FUMEUR
WYGO

BADOUSE
LES 40 COMMANDEMENTS
du gay
WYGO

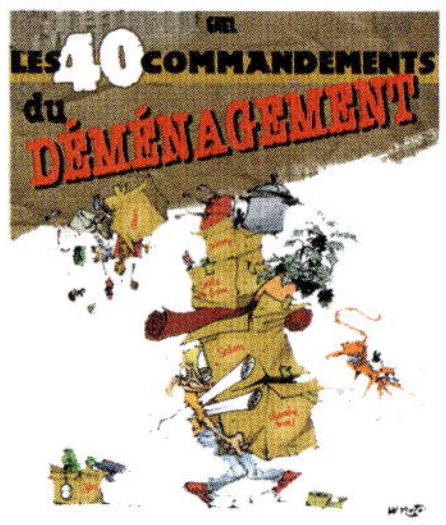
GAEL
LES 40 COMMANDEMENTS
du DÉMÉNAGEMENT
WYGO

GAEL
LES 40 COMMANDEMENTS
DES VOISINS
WYGO

Retrouvez tout l'univers de **WYGO**
sur www.wygo.fr

Nouveautés Catalogue Dédicaces Agenda